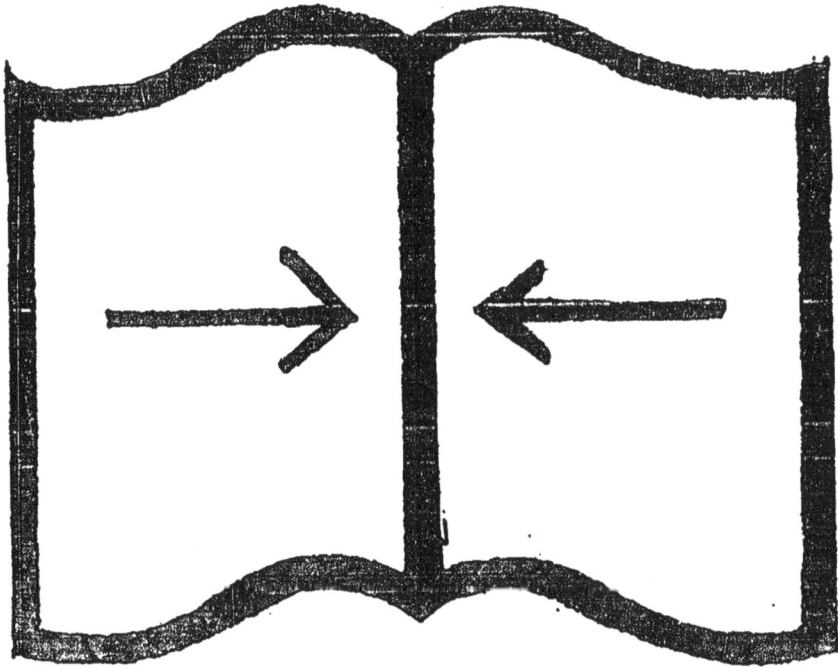

RELIURE SERREE
Absence de marges
intérieures

VALABLE POUR TOUT OU PARTIE DU
DOCUMENT REPRODUIT

.E.-A. SPOLL.

P.-J. PROUDHON

ÉTUDE BIOGRAPHIQUE

Vieux soldats de plomb que nous sommes.
Au cordeau nous alignant tous;
Si des rangs sortent quelques hommes
Nous crions tous : A bas les fous !

BÉRANGER.

Extrait du COURRIER FRANÇAIS du 20 Janvier 1868

PARIS

LEBIGRE-DUQUESNE, LIBRAIRE-ÉDITEUR

16, RUE HAUTEFEUILLE

1868

Paris. — Imprimerie DUBUISSON et Ce, rue Coq-Hé

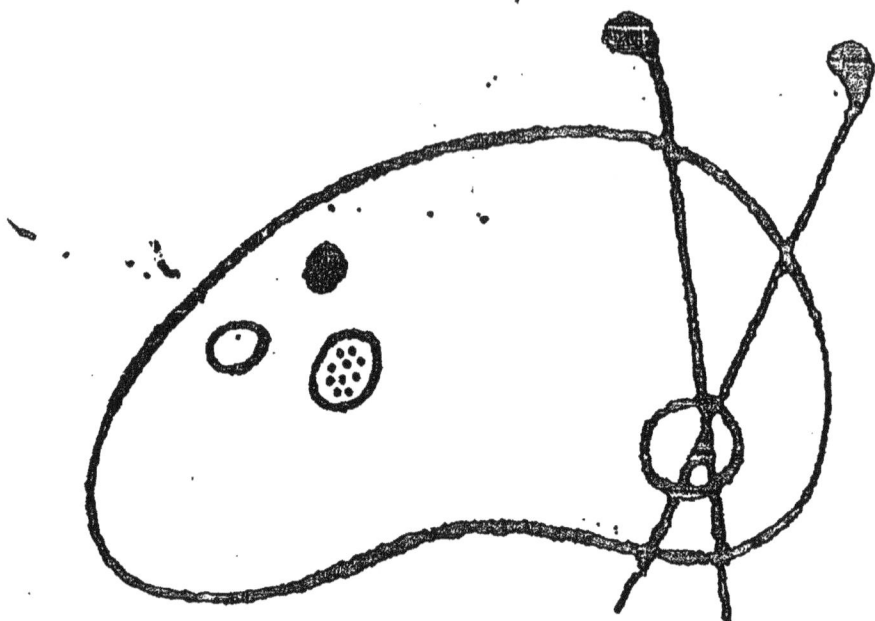

Fin d'une série de documents
en couleur

P.-J. PROUDHON

E.-A. SPOLL

P.-J. PROUDHON

ÉTUDE BIOGRAPHIQUE

Vieux soldats de plomb que nous sommes,
Au cordeau nous alignant tous ;
Si des rangs sortent quelques hommes
Nous crions tous : A bas les fous !

BÉRANGER.

Extrait du COURRIER FRANÇAIS du 20 janvier 1868

PARIS

LEBIGRE-DUQUESNE, LIBRAIRE-ÉDITEUR

16, RUE HAUTEFEUILLE

1868

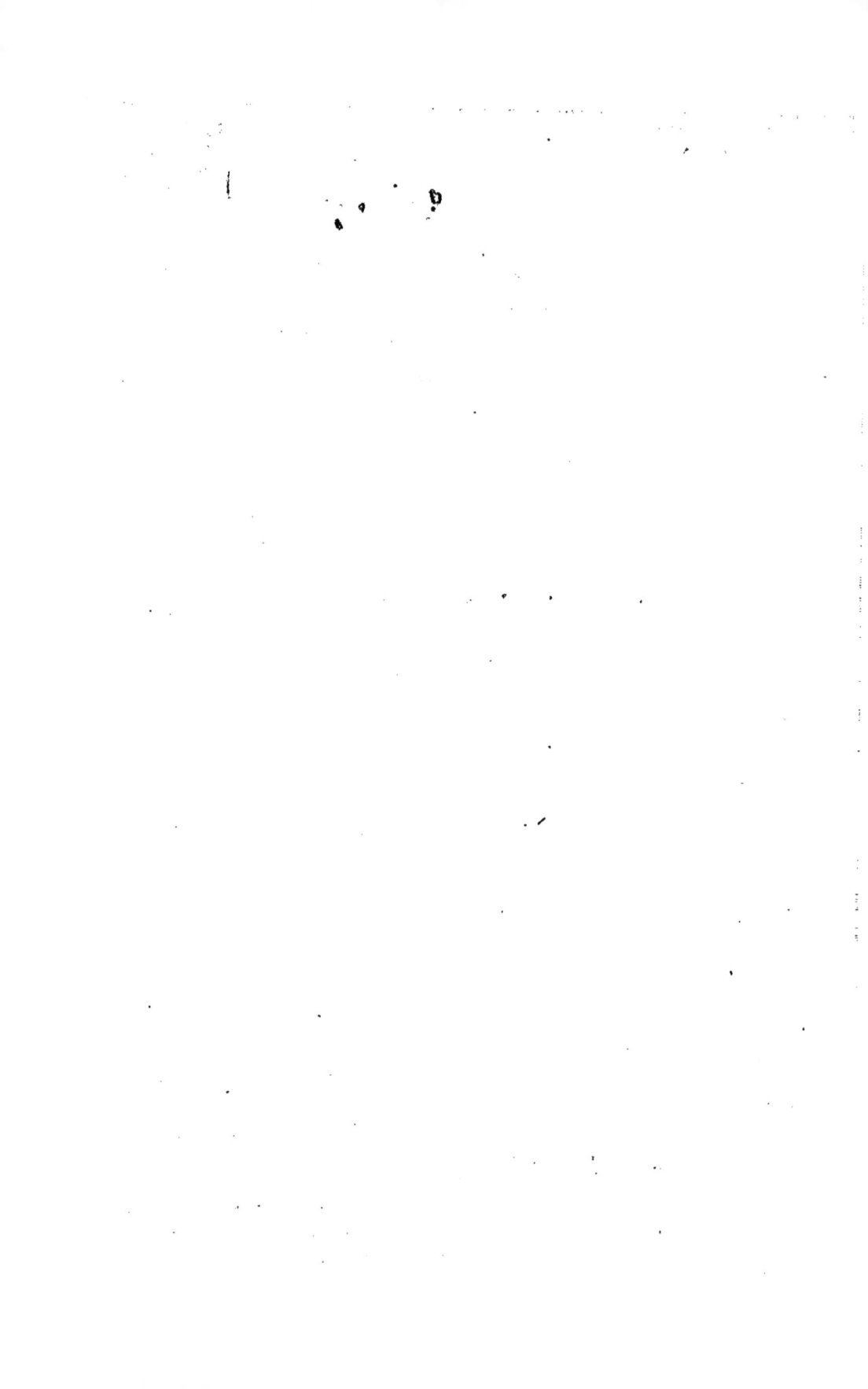

P.-J. PROUDHON

ÉTUDE BIOGRAPHIQUE

Il y a trois ans que le grand penseur est mort ; un tel homme mérite
mieux et autre chose qu'une biographie.
Ses œuvres, qui embrassent la somme
presque entière des connaissances humaines, ont besoin d'être commentées,
vulgarisées, répandues, et, mieux on les
connaîtra, mieux aussi l'on appréciera

leur auteur. Il nous a semblé néanmoins
qu'une notice consciencieuse et exacte
sur sa vie, en faisant connaître l'homme,
disposerait à la lecture des œuvres du
penseur ceux qu'effraye encore ce nom
si longtemps et si injustement décrié.

Dans un article qui fit quelque bruit,
M. de Pontmartin émit, si je ne me trom-
pe, cette théorie singulière : que la pureté
de la vie, l'austérité des mœurs ne doivent pas entrer en ligne de compte lorsqu'il s'agit de porter un jugement définitif
sur l'homme politique. Nous ne pouvons
nous associer, pour notre part, à cette
vue étrange. Tant vaut l'homme, tant vaut
le révolutionnaire, et nous sommes per-
suadé que si Proudhon eût été un malhon-
nête homme, les conclusions de M. de
Pontmartin eussent été plus sévères.

C'est aussi dans cette conviction que

nous nous sommes imposé la tâche modeste mais utile de raconter la vie de Proudhon, d'expliquer, autant que possible, son œuvre par ses actes, de rassembler enfin les documents qui peuvent aider à le faire mieux connaître, de rectifier les inexactitudes et de démentir les calomnies dont il a été l'objet.

Dans le récit de cette existence, toute remplie par le travail et la méditation, il y a peu de place pour l'anecdote intime. Il nous eût été facile de réunir sur le philosophe une série d'*ana* qui eussent trouvé sans doute des approbateurs, mais nous avons pensé que le mensonge, même innocent, ne devait point trouver place là surtout où il s'agit de celui dont la vie s'est usée dans la recherche de la vérité.

I

Pierre-Joseph Proudhon est né le 15 janvier 1809 dans le faubourg de la Mouillère, à Besançon. Il appartenait à une de ces anciennes familles de paysans, contemporaines en quelque sorte du sol jurassique, et dont l'origine se perd dans la nuit des temps. Proudhon, à ce propos, se vantait quelquefois en riant de compter quatorze quartiers de paysannerie. Dans son ouvrage intitulé *la Justice dans la Ré-*

volution, il a laissé de nombreuses notes autobiographiques dont nous ferons usage et dans lesquelles il s'étend longuement sur sa famille et ses premières années.

« Pierre-Joseph, dit un de ses biographes, M. de Mirecourt, est le fils d'un pauvre tonnelier-brasseur (1). » Cette pauvreté de sa naissance revient à chaque page de cet opuscule et forme le commencement, le milieu et la fin de son histoire.

« Eh bien ! oui, je suis pauvre, répond Proudhon impatienté, fils de pauvre, j'ai passé ma vie avec des pauvres, et selon toute apparence je mourrai pauvre. Que voulez-vous ? Je ne demanderais pas

(1) Ses parents étaient occupés à la grande brasserie de M. Renaud ; mais cet établissement ayant disparu en 1814, lors du blocus de la ville, le père de Proudhon s'établit tonnelier, pour son compte, dans le faubourg de Battant, quartier des vignerons.

mieux que de m'enrichir; je crois que la richesse est bonne de sa nature et qu'elle sied à tout le monde, même au philosophe. Mais je suis difficile sur les moyens, et ceux dont j'aimerais à me servir ne sont pas à ma portée. Puis ce n'est rien pour moi de faire fortune tant qu'il existe des pauvres. Sous ce rapport, je dis comme César : Rien de fait tant qu'il reste à faire, *Nil actum reputans si quid superesset agendum.* Quiconque est pauvre est de ma famille. Mon père était garçon tonnelier, ma mère cuisinière; ils se marièrent le plus tard qu'ils purent, ce qui ne les empêcha pas de mettre au monde cinq enfants, dont je suis l'aîné, et auxquels ils laissèrent, après avoir bien travaillé, leur pauvreté. Ainsi ferai-je : voilà bientôt quarante ans que je travaille, et, pauvre oiseau battu par l'orage, je n'ai pas encore trouvé la branche verte qui doit abriter ma couvée. De toute cette mi-

sère je n'eusse dit jamais rien, si l'on ne
m'eût fait une espèce de crime d'avoir
rompu avec mon ban d'indigence, et de
m'être permis de raisonner sur les principes de la richesse et sur les lois de sa
distribution. Ah! si du moins le problème
était résolu pour tout le monde et qu'il
n'y eût plus au monde que moi seul de
pauvre! » . . . . . . , . . . ,

. . . .

. . . .

Lorsque l'enfant eut atteint l'âge de
douze ans, des amis de sa famille facilitè-
rent son entrée comme externe au collége
de Besançon. Il y resta jusqu'à l'âge de
dix-huit ans, travaillant avec opiniâtreté
et passant à la bibliothèque de la ville
presque toutes ses heures de récréation.
Il entra ensuite comme maître d'études au
collége de Gray, où il ne resta que deux
ans. Ses confidences ont tant de charme

que nous ne croyons mieux faire qu'en
lui laissant reprendre la parole :

Sorti des études, j'avais atteint ma vingtième
année. Mon père avait perdu son champ; l'hy-
pothèque l'avait dévoré. Qui sait s'il n'a pas
tenu à l'existence d'une bonne institution de
crédit foncier que je restasse toute ma vie paysan et conservateur? Force me fut de prendre
un état. Devenu compositeur d'imprimerie (1),
que vouliez-vous que je fisse entre les heures
de travail? La journée était de dix heures. Il
m'arrivait quelquefois de lire dans cet inter-
valle, en première épreuve, huit feuilles in-12
d'ouvrages de théologie et de dévotion : travail
excessif auquel je dois d'être devenu myope.
Empoisonné de mauvais air, de miasmes mé-
talliques, d'émanations humaines; le cœur af-
fadi d'une lecture insipide, je n'avais rien de
plus pressé que d'aller hors de la ville secouer
cette infection. Vîtes-vous jamais paysans sor-
tir de la grand'messe au moment du sermon?
Ainsi je fuyais, à travers champs cette officine
ecclésiastique où s'engloutissait ma jeunesse.

(1) Dans la maison Gauthier et Cᵉ.

Proudhon omet de dire qu'il venait en aide à sa famille et recommençait sur des bases plus larges son éducation tout entière. Son imprimerie s'étant chargée d'une nouvelle édition des *Pères de l'Eglise*, ce fut pour son esprit curieux l'occasion de les étudier, d'apprendre l'hébreu et d'acquérir ces profondes connaissances en théologie qui ont fait l'étonnement de ses adversaires catholiques et qui donnèrent à supposer qu'il avait été mis au séminaire.

Vers cette époque, on proposa au jeune imprimeur la rédaction du journal de la préfecture, mais bien que Proudhon ne fût pas, à cette époque (1830), l'adversaire du gouvernement nouveau, il refusa. Bientôt il partit pour faire son tour de France et, pour la première fois, vint habiter Paris, où il resta peu de temps.

A quelques années de là, en 1837, Proudhon, qui, de retour dans son pays, avait continué à travailler comme correcteur, devint l'associé de MM. Lambert et Meurice pour l'exploitation d'une imprimerie importante; mais cette entreprise ne devait pas être heureuse, comme on le verra plus bas. C'est dans le cours de cette année que Proudhon réimprima un ouvrage de l'abbé Bergier, le savant prêtre franc-comtois, sur les *Eléments primitifs des langues* (Besançon 1838 in-8°); il y ajouta un travail original, sous le titre de *Essai de grammaire générale* (p. 255 à 339), qu'il présenta à l'Académie de Besançon. Cette compagnie, reconnaissant le mérite scientifique de l'ouvrage, lui accorda la pension triennale de 1,500 fr., fondée par madame Suard. Il n'arriva pas cependant sans difficulté à la possession de cette pension, d'autant plus précieuse pour lui qu'elle allait lui permettre de consacrer ces trois années à de sérieuses études. Il lui fallait être bachelier, et ce grade académique ne s'obtenait point aisément; en outre, il était au milieu de la liquidation de son entreprise typographique, et Lambert, un de ses associés, venait de se suicider. Dans la pétition que, selon l'usage, Proudhon adressa à l'Académie, se trouvait ce passage, que M. Pérennes, secrétaire perpétuel, lui fit retrancher :

Né et élevé dans la classe ouvrière, lui appartenant encore, aujourd'hui et à toujours par le cœur, le génie, les habitudes, et surtout par la communauté des intérêts et des vœux, la plus grande joie du candidat, s'il réunissait vos suffrages, serait, n'en doutez pas, messieurs, d'avoir attiré dans sa personne votre juste sollicitude sur cette intéressante portion de la société, si bien décorée du nom d'*ouvrière*; d'avoir été jugé digne d'en être le premier représentant auprès de vous; et de pouvoir désormais travailler sans relâche, par la philosophie et la science, avec toute l'énergie de sa volonté et toutes les puissances de son esprit, à l'affranchissement complet de ses frères et compagnons.

On voit qu'en sollicitant les suffrages de l'Académie, il affirmait publiquement pour la première fois l'idée dominante de toute sa vie.

Enfin Proudhon fut élu. Muni du premier quartier de sa pension, il vint aussitôt continuer ses études à Paris.

II

Au bout de quelques mois, Proudhon, désirant justifier le choix de l'Académie, adressa à l'Institut, pour le concours du prix Volney, un mémoire intitulé : *Recherches sur les catégories grammaticales et sur quelques origines de la langue française.* Dans ce travail qui avait pour épigraphe : Τάξις ἀταξίαν διώκει — *l'ordre poursuit le désordre.* — L'auteur s'abandonnait à des conjectures que la commission d'examen qualifie de hasardées. Nous citerons ce passage parmi les plus hardis :

J'ose le dire : c'est la science de la parole qui nous conduira à une découverte si longtemps pressentie, et à bon droit espérée. Peut-être entrait-il dans l'ordre éternel de la Providence que la première des révolutions ne fût retrouvée qu'à son jour et à son heure ; mais, quand nous ne devrions jamais assister à une seconde aurore de l'indéfectible vérité ; quand le hasard et la nécessité seraient les seuls dieux que dût reconnaître notre intelligence, il serait beau de témoigner que nous avons conscience de notre nuit, et par le cri de notre pensée de protester contre le destin.

« Proudhon, dit M. Sainte-Beuve, pressentait qu'on tenait dans l'étude approfondie des langues, et en serrant de près leurs racines, un moyen d'arriver à des vues d'origine et à certaines vérités primitives bien supérieures aux résultats mêmes de la grammaire, devinant un peu vaguement la vertu des travaux à la Pictet. »

Le mémoire de Proudhon, inscrit sous le numéro 4, obtint une mention honorable au mois de mai de l'année 1839.

Vers cette époque, l'académie de Besançon ayant mis au concours un discours sur l'*Utilité de la célébration du dimanche*, son pensionnaire envoya un mémoire sur ce sujet, qui obtint une mention honorable avec une médaille qu'il reçut dans la séance du 24 août 1839.

Ce fut à la même compagnie qu'il envoya bientôt un autre mémoire, aujourd'hui célèbre, intitulé : *Qu'est-ce que la propriété? Recherches sur le principe du droit et du gouvernement*. On y trouve cette phrase, toujours citée d'une manière incomplète ou inexacte :

Si j'avais à répondre à la question suivante : Qu'est-ce que l'esclavage? et que d'un seul mot je répondisse : *c'est l'assassinat*, ma pensée serait d'abord comprise, je n'aurais pas besoin d'un long discours pour montrer que le pouvoir d'ôter à l'homme la pensée, la volonté, la personnalité, est un pouvoir de vie et de mort, et que faire un homme esclave, c'est l'assassiner. Pourquoi donc à cette autre demande : *Qu'est-ce que la propriété?* ne puis-je répondre de même : *c'est le vol,* sans avoir la certitude de n'être pas entendu, bien que cette seconde proposition ne soit que la première transformée ?

Le premier mémoire de Proudhon n'eut, au moment de son apparition, aucun retentissement. Seule, l'Académie à laquelle il était adressé protesta en infligeant un blâme à l'auteur. Il fut même question de poursuites judiciaires, mais il n'y fut pas donné suite, grâce aux démarches bienveillantes que fit auprès de M. Vivien, alors ministre de la justice, Adolphe Blanqui, lequel publia, en outre, un rapport à l'Institut sur le travail de Proudhon. Ce dernier, reconnaissant, adressa au célèbre

économiste le second mémoire sur la propriété (1841) destiné à corroborer le premier.

L'année suivante, il publia un troisième
mémoire sur le même sujet intitulé :
Avertissement aux propriétaires, pour lequel il fut traduit devant la cour d'assises
de Besançon, mais il fut acquitté. Sa dé-
fense, à laquelle il ajouta quelques considérations, forme une brochure de seize
pages. Nous y relevons ce passage : « Je
n'ai écrit dans toute ma vie qu'une chose,
et cette chose je vais vous la dire tout de
suite pour qu'il n'en soit plus question :
La propriété c'est le vol. Et savez-vous ce
que j'ai conclu de là? C'est que, pour abolir cette espèce de vol, il faut l'universa-
liser. Je suis, vous le voyez, messieurs les
jurés, aussi conservateur que vous ; et
quiconque vous dira le contraire prou-
vera par cela seul qu'il n'entend rien à
mes livres... »

A propos de cette formule (1), des critiques ignorants ou de mauvaise foi, con-
fondant ensemble toutes les formes de
l'appropriation : possession, usufruit, em-
phytéose, droit d'usage, immeubles, meu-
bles, choses fongibles et propriété, ont
ameuté contre le consciencieux chercheur
toutes les haines de l'égoïsme et de la
peur. Ce que Proudhon repoussait dans
la propriété, c'est le privilége, le monopole, le caractère *domanial* enfin. Au reste
rien ne prouve mieux que telle a toujours
été la pensée de Proudhon que cette
phrase d'un de ses livres posthumes:

La capacité politique est une faculté de l'intelligence et de la conscience, indépendante de

(1) Il en est de même pour cette proposition non
moins fameuse : *Dieu c'est le mal*, aussi peu comprise que la première. On doit y voir autre chose
qu'un paradoxe, et Proudhon, tout en maintenant le
sens littéral, ne songeait pas plus à supprimer Dieu
pour ceux qui y croient, qu'à abolir la propriété
pour tout le monde.

la qualité de propriétaire. Sur ce point, on peut dire que tout le monde est d'accord ; mais nous ajoutons que si l'opposition au despotisme est un acte de la conscience qui n'a pas besoin, pour se produire, que le citoyen paye deux cents ou cinq cents francs de contribution, cette même opposition, considérée comme manifestation de la collectivité, n'a de puissance vis-à-vis du pouvoir, et ne devient efficace que si elle est l'expression d'une masse de propriétaires... Conférer au peuple les droits politiques n'était pas en soi une pensée mauvaise ; il eût fallu seulement commencer par lui donner la propriété. (*Théorie de la propriété.* P. 153,154.)

Bientôt Proudhon se rendit à Lyon, où il était appelé par les frères Gauthier, entrepreneurs de transports sur le Rhône et sur la Saône. Chargé du secrétariat, il le fut peu de temps après des affaires contentieuses, et rédigea, pour ses patrons, un grand nombre de mémoires judiciaires, qui furent, paraît-il, tous couronnés de succès, et qui font presque au-

torité dans la matière. S'ils étaient réunis dans ses œuvres complètes, ils ne for-
meraient pas moins de quatre volumes
in-18. Ces travaux contribuèrent puis-
samment à donner à Proudhon ces vastes
connaissances sur la législation française,
qui, plus d'une fois, ont surpris ses con-
tradicteurs.

On a dit que Proudhon avait refusé de
partager le bénéfice des opérations, des
frères Gauthier. Ce fait est inexact; il
recevait de beaux appointements, dont
il envoyait une grande partie à sa famille,
mais il n'a jamais eu à refuser ce qui ne
lui a pas été offert.

Durant son séjour à Lyon, il écrivit dans le
journal l'*Economiste* plusieurs articles sur
la *Concurrence des chemins de fer et des voies
navigables*, lesquels ont été réunis depuis
en une forte brochure de 90 pages, et fit
paraître deux œuvres importantes : *De la
création de l'ordre dans l'humanité* (septem-

bre 1843, in-12) et le *Système des contradictions économiques* ou *philosophie de la misère* (1845, 2 vol. in-12).

Dans le premier de ces deux ouvrages, Proudhon trace hardiment l'antinomie de la religion et de la philosophie. La religion n'est, selon lui, qu'une formule symbolique et préparatoire, la philosophie, une élucubration sans spécialité ; la logique seule peut créer la science, qui seule, à son tour, peut créer *l'ordre dans l'humanité.*

Suivant Proudhon, la société est un vaste système de pondération, dont le point de départ est la liberté, la loi, la justice.

C'est à l'exposition de ce système, dit-il dans la *Justice*, que j'ai préludé en 1845 par la publication de mon ouvrage sur les *Contradictions économiques*, dans lequel j'ai démontré qu'il n'est pas un principe, pas une force dans la société, qui ne produise autant de misère que de richesse, si elle n'est balancée par une autre force dont le côté utile annule l'effet destructeur de la première. A ce propos, je dirai que si cet ouvrage laisse, au point de vue de la méthode, quelque chose à désirer, la cause en est à l'idée que je m'étais faite, d'après Hégel, de l'antinomie, que je supposais devoir se résoudre en un terme supérieur : la synthèse, distinct des deux premiers, la thèse et l'antithèse : erreur de logique autant que d'expérience, dont je suis aujourd'hui revenu. L'ANTINOMIE NE SE RÉSOUT PAS ; c'est là le vice fondamental de toute la philosophie hégélienne. Les deux termes dont elle se compose se BALANCENT, soit entre eux, soit avec d'autres termes antinomiques ; ce qui conduit au résultat cherché. Mais une balance n'est point une synthèse, telle que l'entendait Hégel et que je l'avais supposé après lui : cette réserve faite dans un intérêt de logique pure, je maintiens tout ce que j'ai dit dans mes *Contradictions*.

Proudhon devait donner plus tard la conclusion de cette œuvre critique dans un livre spécial, ainsi que l'établit du

reste son épigraphe : *Destruam et œdificabo.*
Les événements politiques ne lui ont pas
permis de suivre cet ordre méthodique, et
sa conclusion se trouve ainsi répartie dans
une série de volumes qui ont pour titre :
l'*Idée générale de la Révolution au dix-neuvième siècle;* la *Théorie de l'impôt;* la *Justice
dans la Révolution et dans l'Eglise; Du système fédératif* ou *de la nécessité de reconsti-
tuer le parti de la Révolution; De la capacité
politique,* etc. Cet ouvrage des *Contradictions économiques,* plein de verve et de jeunesse, est considéré par les amis de la forme comme le chef-d'œuvre de Proudhon;
les penseurs préfèrent, en général, l'ouvrage de la *Justice.*

Il travaillait à la *Solution du problème social,* lorsque la Révolution de février 1848
le détermina à publier cet ouvrage par livraisons. Il n'en fit paraître que deux et
entra bientôt comme rédacteur au *Représentant du peuple,* journal politique et quo-

tidien (1). Il y publia des articles fort remarquables, et ses lecteurs l'envoyèrent à l'Assemblée nationale, comme représentant de la Seine, par 77,094 suffrages (4 juin 1848).

Presque inconnu auparavant, Proudhon, qui n'aspira jamais au rôle d'agitateur politique, apparut comme un météore parmi ceux qui essayaient alors de se signaler. On ignorait en voyant cet homme de trente-neuf ans, déjà chauve et que la faiblesse de sa vue obligeait à porter des lunettes, qu'il était mieux que tout autre préparé pour la lutte, que son puissant génie avait déjà sondé les sciences qu'à bon droit on peut appeler génératrices. Grammaire générale, psychologie, mo-

(1) Suspendu depuis le mois de juillet jusqu'au mois d'août 1848 par le général Cavaignac, lorsque le journal eut le droit de reparaître, il fallait un cautionnement de 24,000 fr. C'est pourquoi le nom de Proudhon disparut du journalisme pendant quelques mois.

rale, théodicée, mathématiques, économie politique et sociale, droit social et politique, toutes ces sciences avaient été par lui pénétrées, approfondies et analysées.

Le 31 juillet, Proudhon développe à la tribune cette célèbre motion relative à l'impôt sur le revenu, dans laquelle il demandait que remise fût faite par tout propriétaire du tiers des termes échus et à échoir, savoir : un sixième au profit des locataires, un sixième au profit de l'Etat. Par là, il prétendait, avant tout, parer à la détresse du moment, en faisant supporter à la propriété sa quote-part dans la crise qui n'avait jusque-là frappé que le travail et les affaires. Ce devait être aussi, dans la pensée de l'orateur, le point de départ d'une transformation économique, dont il a donné le développement complet sous les noms de *gratuité de crédit* et de *mutualité*, dans des ouvrages dont nous parlerons ultérieurement.

La lecture de cette proposition souleva de violentes interruptions et elle fut repoussée par 691 votes. Proudhon était séparé, par ses profondes études économiques, de la plupart des hommes politiques du parti républicain, peu soucieux de réformes aussi radicales. Le journal le *Peuple* fit sur divers députés des critiques souvent très sévères ; c'est, croyons-nous, à la suite d'un article de ce genre et d'une violente altercation dans les couloirs de l'Assemblée qu'eut lieu le duel de Proudhon avec Félix Pyat.

Le 4 novembre, il vota contre l'ensemble de la Constitution, mais il voulut assister à la fête d'inauguration qui eut lieu sur la place de la Concorde, afin de témoigner de son respect pour la loi. Cet incident, en apparence peu important, avait dans l'esprit de Proudhon une haute portée politique. Par cette démarche, il posait implicitement que les minorités dans leurs revendications doivent s'appuyer sur la Constitution et sur la loi.

Reconnaissant bientôt que ce n'était pas dans le tumulte des débats oratoires qu'on pouvait approfondir les grandes questions du moment, il fonde successivement le *Peuple* (23 novembre 1848 — juin 1849) et la *Voix du peuple* (1er octobre 1849 — 16 mai 1850), dont le tirage approcha de cent mille exemplaires. Le *Peuple de* 1850 fut, malgré ce qu'on a pu dire, fondé en dehors de l'initiative de Proudhon, qui y écrivit fort peu.

Il publia ensuite diverses brochures : *Le Droit au travail, Idées révolutionnaires, Résumé de la question sociale* (article publié dans le *Peuple*), *Intérêt et principal* (discussion économique avec Bastiat) *Organisation du crédit et de la circulation, la Banque du peuple* et *la Banque d'échange* (série d'articles publiés dans le *Peuple*).

En même temps il organisait, sous le

nom de *Banque du peuple*, une société commerciale, dont le but était, par la réduction progressive de l'intérèt et de l'escompte, d'arriver à la gratuité de circulation des capitaux et des produits.

Cependant, Proudhon n'ayant point encore purgé la condamnation à trois ans de prison qui avait été prononcée contre lui pour un article du *Peuple* (26 janvier 1849), la police le fit rechercher, et l'autorité fit mettre sous le sequestre les papiers et la caisse de la *Banque du Peuple* ; mais ce sequestre fut levé à la première réclamation et les actionnaires furent immédiatement remboursés. Les gérants de cette banque ont encore entre les mains les quittances des souscripteurs. Nous devons ajouter que plusieurs de ces derniers, confiants dans la bonne foi ét le civisme des fondateurs, les prièrent par écrit de conserver la somme qui leur était due, pour couvrir le déficit causé au cautionnement par les nombreuses amendes qui avaient frappé le journal. C'est à tort qu'il a été dit qu'une instruction commencée n'avait pas eu de suite, par la raison toute simple qu'il n'y eut pas d'instruction.

On a également prétendu que Proudhon, après être allé se cacher plusieurs mois à Genève auprès de M. James Fazy, l'économiste, était venu se constituer prisonnier. La vérité est que Proud'hon alla en Belgique pour revenir presqu'immédiatement occuper un petit appartement de la rue de Chabrol, et que, peu de temps après, il fut arrêté dans le faubourg Poissonnière par un agent de la police de sûreté et écroué à Sainte-Pélagie.

III

Durant les premiers temps de son emprisonnement, Proudhon publia les *Confessions d'un révolutionnaire* et l'*Idée générale de la Révolution au dix-neuvième siècle.* Le premier de ces ouvrages est une revue des événements politiques qui se sont succédés depuis qu'il s'est trouvé mêlé aux affaires du pays. C'est surtout le côté critique et l'exposé des principes qui forment la partie la plus importante du livre.

Le second a été composé par Proudhon, sous la préoccupation du reproche qu'on lui adressait de n'être pas *un homme pratique.* C'est une publication dont tous les chapitres sont des exposés de motifs terminés par une circulaire en forme de décret à rendre par l'Assemblée législative. Des principes posés dans ce livre, Proudhon n'a rien à rétracter ; quant à la conclusion pratique, elle était conçue sous l'empire des nécessités du moment (1850) réserve faite des modifications qu'auraient apportées les événements ultérieurs.

Le 2 janvier 1850, Proudhon épousa, à Sainte-Pélagie, mademoiselle Piégard, fille d'un passementier légitimiste de la rue Saint-Denis, compromis sous Louis-Philippe dans l'affaire de la rue des Prouvaires.

Le premier enfant, fruit de cette union, est né le 18 octobre 1850, dix mois après le mariage, comme on peut le vérifier sur les registres de la mairie du cinquième arrondissement. Nous faisons cette remarque parce qu'un passage de la biographie de Proudhon par M. de Mirecourt ferait supposer que ses enfants sont nés avant son union légale. Profitons de cette circonstance pour démentir deux autres passages de la susdite brochure.

PREMIER PASSAGE, p. 39. « Tâchez de comprendre comment le socialiste féroce, l'ogre de la famille et l'insulteur du Christ donne l'exemple des vertus privées, *se marie à l'église et porte ses enfants au baptême*, vous réussirez difficilement à trouver le mot de l'énigme. »

DEUXIÈME PASSAGE, p. 86. « Son mariage eut lieu dans la chapelle même de la prison et l'aumônier de Sainte-Pélagie baptisa ses enfants, au grand scandale des républicains qui le surnommèrent dès lors *le socialiste bigot.*

Tout est permis à qui combat pour une sainte cause; cependant, M. de Mirecourt

a commis sciemment une grave inexacti-
tude ; en effet, dans *la Révolution sociale*
(1852), publiée avant sa biographie, Proudhon n'a laissé aucun doute sur la faus-
seté de ce bruit (p. 129 et 130) ; soit aussi
la Justice, dixième étude, tome III, p. 182.

On a également parlé d'un riche mariage. La vérité est que les cinq enfants
de M. Piégard, père de madame Proudhon, faisaient une pension à leurs parents et que Proudhon en payait sa part.
Mais c'est assez nous appesantir sur des
erreurs qu'il importait cependant de rectifier.

De sa cellule, Proudhon fit paraître en
1852, *la Révolution sociale démontrée par le
coup d'Etat du 2 décembre*. Le ministère de
la police se hâta d'arrêter l'ouvrage, qui
fut rendu au public par l'intervention du
président de la République, à qui l'auteur avait écrit la lettre qui fut publiée
en tête de la seconde édition.

Proudhon fut rendu à la liberté le 4 juin 1852.

Son premier ouvrage en sortant de prison fut la *Philosophie du progrès*, lettres adressées de Sainte-Pélagie à Romain Cornut, et qui, publiées en Belgique, furent interdites en France. Ce livre, simple programme d'une philosophie a été repris, quant à l'idée, dans son grand travail de la *Justice*.

Il publia ensuite l'ouvrage intitulé : *Des réformes à opérer dans l'exploitation des chemins de fer* (1855), monographie sur l'industrie des transports, qui devait, dans l'idée de l'auteur, servir de type à une série d'études sur toutes les grandes industries françaises. Dès 1854, il avait fait paraître un *Manuel du spéculateur à la Bourse*, qu'il écrivit sur des notes qui lui furent fournies par George Duchène, ancien rédacteur du *Peuple*. Le livre parut d'abord anonyme ; mais diverses considérations engagèrent Proudhon à donner son nom et celui de son collaborateur dans l'édition de 1856. Cette vive satire contre la spéculation, remplie de renseignements précieux et de faits irréfutables, causa, dans le monde financier, une émotion facile à concevoir. Il en fut vendu *vingt-deux mille exemplaires* en peu de temps. Dans la préface d'un des derniers livres de Proudhon : *Du principe de l'art*, nous lisons que l'illustre économiste devait publier une suite au *Manuel*, toujours en coopération avec G. Duchêne, auquel il remettait au fur et à mesure tous les éléments de ce travail. Ces matériaux se composent : 1° D'un plan, dont la division par chapitres a été faite et les sommaires ont été écrits par Proudhon ; 2° D'une brochure de 214 pages, entièrement de lui, restée complètement inédite, bien qu'elle ait été tirée en épreuves à Bruxelles en 1859 (voir plus loin) ; 3° Des lettres et

notes explicatives adressées par l'auteur
à G. Duchêne, de 1858 à 1864 ; 4° de toutes
les notes recueillies sur ce sujet pendant
sept ans. L'ouvrage remanié quant au
plan a été publié sous ce titre : *La spéculation devant les tribunaux.*

Durant plus de trois années, Proudhon
se recuillit dans le silence et dans l'étude;
à peine si le bruit courait dans le cercle
étroit de ses connaissances qu'il préparait
une œuvre capitale. Enfin, le 22 avril
1858, parut *la Justice dans la Révolution et
dans l'Eglise* (3 forts vol. in-12), série de
douze études, dédiées par l'auteur à l'ar-
chevêque de Besançon, qui avait fourni
à M. de Mirecourt, les éléments de sa biographie.

Ce livre forme comme une encyclopé-
die, un résumé de toutes les questions sur
lesquelles Proudhon avait écrit jusqu'à
cette époque : Droit, philosophie, religion,
morale, politique, économie sociale, etc.

L'idée mère du livre est que l'humanité possède de son fonds la justice, que toute révélation extérieure et supérieure à l'humanité est subversive de l'idée de justice et que le critérium doit en être cherché, non dans une révélation divine (système de la *transcendance*) mais dans l'évolution historique et philosophique de la pensée humaine (système de l'*immanence*). L'ouvrage se compose de douze études dont nous allons indiquer les titres : 1° *Position du problème de la justice;* 2° *Les personnes, la dignité humaine;* 3° *Les biens, application de la justice à l'économie politique;* 4° *L'Etat;* 5° *L'éducation;* 6° *Le travail;* 7° *Les idées;* 8° *Conscience et liberté;* 9° *Progrès et décadence;* 10° et 11° *Amour et mariage;* 12° *la Sanction morale.*

Cinq jours après son apparition, la saisie de cet ouvrage fut ordonnée par le parquet. A cet acte, l'auteur répondit, le 4 mai, par une pétition au Sénat, dans laquelle il demanda la révision du concordat. Cette pétition, tirée à mille exemplaires et publiée le 17 du même mois, fut également saisie. Proudhon envoya immédiatement au Sénat une seconde pétition qui ne fut pas publiée. Enfin, poursuivi sous divers chefs d'accusation, outrages à la morale publique et religieuse, etc., il fut condamné à trois ans de prison et 4,000 fr. d'amende.

Forcé de se réfugier en Belgique pour échapper aux suites de cette condamnation, Proudhon publia à Bruxelles un mémoire justificatif, intitulé : la *Justice poursuivie par l'Eglise. — Appel du jugement rendu par le tribunal de police correctionnelle de la Seine, le 2 juin 1858, contre P.-J. Proudhon*, in-8°, en tout, 184 pages, Bruxelles, librairie de l'*Office de publicité*.

Décidé à rester dans ce lieu d'exil, Proudhon alla occuper un petit appartement sur la place communale du faubourg d'Ixelles, où il resta jusqu'au jour de son départ (25 octobre 1862).

Une fois installé, il s'occupa de donner une seconde édition de son livre. Elle parut à Bruxelles en douze livraisons dans le cours des années 1858, 1859, 1860 et 1861. L'ouvrage, qui ne comprenait pas moins de 2,238 pages, était augmenté d'un programme-préface et de notes explicatives qui forment un long appendice.

Pendant le cours de ce remaniement, Proudhon avait publié (1858) dans le journal *l'Office de publicité* (numéros du 26 septembre et du 24 octobre) deux articles anonymes sur la propriété littéraire qui allait être discutée au congrès de Bruxelles et qu'il a reproduits avec plus de développement dans le livre des *Majorats littéraires*.

Il fit également paraître en janvier 1859, dans la *Revue trimestrielle* un long article sur le livre de son ami W. Burger (Théophile Thoré), *Les Musées de la Hollande, Amsterdam et la Haye.*

Au mois d'août de la même année, l'amnistie promulguée pour les délits politiques fit croire aux amis de Proudhon qu'il pourrait rentrer en France. Une démarche tentée par eux auprès de M. Delangle, alors ministre de la justice, ne put aboutir parce que l'amnistie, purement politique, ne pouvait s'appliquer au délit d'outrage à la morale. Il ne fut libre de rentrer en France qu'au mois de décembre de l'année suivante avec quelques compagnons d'exil qui se trouvaient dans le même cas que lui.

Dans la onzième étude de son livre sur la *Justice*, Proudhon avait inséré sous le titre de *Mon amnistie* quelques réflexions en forme d'appendice dans lesquelles il concluait en décidant son retour en France; cependant diverses considérations d'études et d'amitié lui firent prolonger son séjour en Belgique.

En 1861, Proudhon publia sous le titre de *la Guerre et la Paix*, des recherches sur le principe et la constitution du droit des gens, avec cette épigraphe : « *Devine ou je te dévore.* » LE SPHINX. (2 vol. in-18. Paris, collection Hetzel. — Dentu, libraire-éditeur.)

Dans le cours de la même année, il fit paraître la *Théorie de l'impôt*, question mise au concours par le conseil d'Etat du canton de Vaud, avec cette épigraphe : « Des réformes toujours, des utopies jamais. » (1 vol. in-18, Bruxelles, office de publicité). Ce mémoire fut couronné.

Nous n'analyserons point ces deux ouvrages qui portent tous deux le titre général d'*Essais de philosophie pratique*, et sont numérotés 13, 14 et 15, pour indiquer que, dans la pensée de l'auteur, ils doivent faire suite aux douze études de la justice.

IV

Quelques mois plus tard (juillet 1862) Proudhon écrivit pour l'*Office de publicité* un article intitulé *Garibaldi et l'unité italienne*, qui donna lieu à une regrettable méprise, suivie bientôt d'une manifestation en présence de laquelle il crut devoir se retirer tranquillement et revenir en France. Dans une brochure, *la Fédération et l'unité italienne*, publiée à Paris, chez Dentu, Proudhon a mis sous les yeux du public, en les commentant à sa façon, les lignes qui ont causé tant d'émotion en Belgique et donné lieu à de si fausses interprétations.

Cette même année 1862, il fit paraître les *Majorats littéraires*, examen d'un projet de loi ayant pour but de créer au profit des auteurs, inventeurs et artistes un monopole perpétuel, avec cette épigraphe empruntée à M. Laboulaye : *Si le droit des auteurs n'est pas une propriété, purgeons la langue d'un mot inexact et débarrassons la jurisprudence d'une idée fausse.* (In-18, Bruxelles, Office de publicité, et publié depuis à Paris en 1863.)

Lorsque cet ouvrage parut à Paris, quelques mois après, les journalistes, dont il attaquait la plus chère marotte, organisèrent autour de lui la *conspiration du silence*.

Tout le monde connaît, l'aphorisme d'Alphonse Karr, *la propriété littéraire est une propriété*, au premier abord ces mots la *pro-priété* est une *propriété* semblent d'une évidence manifeste, mais en y regardant de plus près, on s'aperçoit que cette phrase est un véritable sophisme, dans lequel l'auteur annonce comme prouvé ce qu'il s'agit précisément de démontrer.

L'œuvre intellectuel, écrivait en 1844 le prince Louis-Napoléon, est une propriété comme une terre, une maison, elle doit jouir des mêmes droits et ne pouvoir être aliénée que pour cause d'utilité publique.

«Eh bien! dit à son tour Proudhon, l'empereur s'est trompé. L'œuvre intellectuel n'est point une propriété comme une terre, comme une maison, et elle ne donne pas naissance à des droits semblables... »

Il ne s'agit pas de savoir, en effet, si l'homme de lettres, l'inventeur ou l'artiste a droit à une rémunération équitable; qui songe à la lui refuser? Mais de quelle nature est le droit de l'écrivain, et de quelle manière se fera la rémunération de son travail... si enfin la création d'une propriété intellectuelle, à l'instar de la propriété foncière, ne repose pas sur une fausse assimilation, sur une fausse analogie.

L'écrivain est un producteur et son œuvre un produit. Ce dernier est à la vérité la propriété du producteur, mais il ne faut pas conclure de la propriété du produit à la création d'une nouvelle espèce de propriété foncière.

L'œuvre de l'écrivain est un produit au même titre que la récolte du paysan. Remontant aux principes de cette production, nous arrivons à deux termes de la combinaison desquels est résulté le produit; d'un côté, le travail; de l'autre, un fonds qui, pour le cultivateur, est le monde physique, la terre; pour l'homme de lettres le monde intellectuel, l'esprit.

Ainsi, pour le paysan, la propriété fon-

cière rapportant intérêt, c'est son champ ;
pour l'homme de lettres, c'est son esprit
cultivé. Or, un livre, pas plus qu'un hecto-
litre de blé, n'est une propriété foncière, et
l'on ne peut identifier deux choses aussi
distinctes que le capital et l'intérêt. Que
répondrait-on à un paysan qui refuserait
de vendre son blé pour un prix raisonna-
ble et qui exigerait en retour une rente
perpétuelle ? Cette perpétuité violerait la
loi de l'échange qui veut autant que possible que chaque produit soit payé par un
équivalent.

Si, abandonnant l'ordre économique,
nous nous livrons à des considérations
purement et simplement morales, nous re-
connaîtrons avec Proudhon que les produits de la littérature et de l'art appar-
tiennent à la catégorie des choses non vé-
nales, des choses qui se corrompent par le
trafic et qui répugnent invinciblement à
toute fin intéressée.

Une rente perpétuelle, payée par le public à l'auteur ou à ses héritiers, serait un véritable impôt. Or, un impôt sur la science, la poésie, les beaux-arts, serait le pendant d'un impôt sur la piété, sur la justice et la morale, la consécration d'une simonie.

Proudhon, dans sa correspondance, se montrait particulièrement satisfait du style des *Majorats littéraires*. C'est, en effet, un livre fort remarquable pour la force des raisonnements et pour la forme dont il les a revêtus.

Peu de temps après, Proudhon fit imprimer à mille exemplaires, chez Lebègue, une brochure très hardie, sous ce titre : *Comment vont les affaires?* Mais n'en ayant point jugé l'apparition opportune, il la fit mettre au pilon. Il n'en reste que deux exemplaires.

Il publia ensuite, et presque simultanément deux brochures d'actualité :

Les *Démocrates assermentés et les réfrac-taires*, et *Si les traités de 1815 ont cessé d'exister.*

Ce furent les derniers ouvrages qui parurent de son vivant, avec les *Nouvelles observations sur l'Unité italienne* (brochure de 72 pages).

Depuis 1854, où il avait eu une violente attaque de choléra, les amis de Proudhon avaient remarqué une altération dans sa santé. Cependant sa forte constitution semblait avoir triomphé du mal, lorsque dans l'été de l'année 1863 une sorte de prostration physique et intellectuelle sembla se manifester en lui.

Le 12 juillet, il écrivait à l'un de nous :

« Je suis dans ce moment dans un tel état de fatigue et de dégoût, que lecture, écriture, pensée même, tout m'est en horreur. Je laisse là mes livres; je néglige ma correspondance; je ne prends plus de notes; et ne me sens de force que pour aller au bois de Boulogne me coucher à l'ombre sur l'herbe desséchée. Là je dors ou rêve des heures entières. »

Vers le milieu de 1864, les médecins lui conseillèrent le repos et la distraction, et des amis l'emmenèrent dans son pays natal, en Franche-Comté, où il resta un mois environ.

Durant ce voyage, où il s'était beaucoup promené de ci de là, par monts et par vaux, en compagnie de ses amis, Proudhon parut reprendre un peu de gaieté, mais il en revint en réalité plus fatigué qu'à son départ.

Comme nous l'avons dit, depuis dix ans environ, la santé de Proudhon ne s'était jamais parfaitement rétablie; il éprouva d'abord une très grande fatigue de cerveau, qui fit craindre une maladie de la moelle épinière. Ses nombreuses productions, depuis cette époque, les plus importantes par le fond comme par la forme, semblèrent infirmer complètement ce pronostic. Il fut ensuite atteint de catarrhe, d'asthme, d'érésipèle et de névralgie. Quelques médecins pensent qu'il s'est joint encore à tous ces maux une hypertrophie du cœur. Nous ne pouvons nous prononcer sur les causes immédiates de la mort de Proudhon. Ce qu'il nous est permis de dire, c'est qu'il a conservé jusqu'au dernier moment une complète lucidité d'esprit, comme le témoigne son livre de la *Capacité politique des classes ouvrières*. La mort a saisi le grand penseur pendant qu'il en revoyait les épreuves ; et l'on y trouve, admirablement résumées, dans leurs principes essentiels et avec leurs applications aux diverses questions du moment, les idées sur lesquelles il a fondé l'œuvre de toute sa vie. Bientôt la souffrance lui interdit toute espèce de travail (décembre 1864), et il dut confier à son ami Chaudey le soin d'achever cett révision.

Proudhon mourut le 18 janvier 1865.

Son enterrement eut lieu le 20 janvier. Vers midi, une foule compacte environnait déjà la maison qu'il occupait au numéro 10 de la grande rue de Passy. Près de la porte stationnait un modeste corbillard. Dans la cour, un registre était ouvert sur une table. Il fut bientôt couvert de signatures, chacun voulant affirmer sa présence aux funérailles du penseur illustre que l'humanité venait de perdre.

L'enterrement était purement civil et le cortége funèbre quitta la maison de Proudhon pour se diriger vers le cimetière, où des discours furent prononcés sur sa tombe par MM. Chaudey, Langlois et Massol.

Rien n'a manqué à sa gloire, pas même les louanges des journaux du soir, qui firent à l'envie un éloge un peu suspect de celui contre lequel ils avaient organisé la conspiration du silence.

Proudhon laisse deux filles à sa veuve.

A l'humanité, il lègue dix-sept ouvra-ges, enfants de son génie, que la mort ne lui a malheureusement pas permis d'ache-ver.

En voici les titres, suivant une note écrite de sa main :

1. *De la capacité politique des classes ou-vrières* (paru);

2. *Du principe de l'art et de sa destination sociale* (paru) ;

3. *Théorie de la propriété* (paru) ;

4. *Géographie politique et nationalités;*

5. *La France et le Rhin* (réfutation d'Amé-dée Thierry), paru ;

6. *Théorie du gouvernement constitutionnel en Europe, ou qu'est-ce enfin que la République;*

7. *Histoire de Jehovah;*

8. *Conclusion sur les évangiles et la vie de Jésus;*

9. *Histoire de Pologne;*

10. *Parallèle de Napoléon Ier et Wellington* (réfutation de Thiers) ;

11. *De la pornocratie ou les femmes ;*

12. *Les normaliens ;*

13. *Histoire condensée de Napoléon Ier,* d'après Thiers ;

14. *Critique littéraire* (revue), V. Hugo, Renan, Lamartine, etc.;

15. *Cours d'économie politique ;*

16. *Suite du spéculateur à la bourse* (voir plus haut);

17. *Mélanges,* articles sur divers sujets (1).

Proudhon, comme on sait, est mort très pauvre, numérairement parlant; mais le produit de ses œuvres, joint à une souscription privée, spontanément organisée par les soins de ses amis et de ses adhérents, assurera, nous l'espérons, l'indépendance de sa famille.

---

(1) Tous ces ouvrages sont publiés par la Librairie internationale, 15, boulevard Montmartre, qui a entrepris également la réimpression des œuvres de Proudhon, épuisées pour la plupart.

Que pourrions-nous ajouter à ce qui précède? Le récit d'une telle existence est le plus bel éloge qu'on en puisse faire. La postérité ne commence guère pour un grand homme que le jour ou le dernier de ses contemporains est mort, et Proudhon est un de ceux auxquels la postérité seule assignera la place qui leur est due. Il a remué trop d'idées, soulevé trop de passions, touché à trop d'intérêts, trop vaillamment combattu hommes et choses, pour que justice entière lui soit rendue de longtemps.

On ne pardonne pas facilement au penseur — même lorsqu'il n'est plus — d'avoir sondé toutes les plaies, mis à nu toutes les souillures, démasqué tous les mensonges; on ne lui pardonne pas d'avoir, sans pitié comme sans faiblesse, porté la lumière au plus profond des consciences. Qu'une voix loyale et désintéressée s'élève aujourd'hui pour protester contre le déni de justice opposé à Proudhon pendant toute sa vie ; qu'une conscience honnête, un esprit véritablement éclairé revendique auprès des gens de bien la part d'estime et d'admiration à laquelle il a droit, et vous entendrez détonner aussitôt la voix discordante de quelque satisfait vous jetant à la tête, en guise de réponse, les deux terrifiants axiomes du philosophe.... terrifiants, en effet, quand on ne veut pas les comprendre.

Encore une fois laissons venir la postérité. Il est trop tard ou trop tôt aujourd'hui pour juger l'œuvre de Proudhon. « Il n'y a pas un seul de mes vers qui n'ait été vécu, » disait Gœthe, qu'il suffise de dire du philosophe qu'il n'y a pas une ligne de ses ouvrages qu'il n'ait passé au crible de sa conscience et de sa raison. A combien d'écrivains pourrait s'adresser un pareil éloge ?

Tout ce que Proudhon possédait d'in-

telligence, de dévouement et d'énergie, il
l'a employé à combattre pour la justice et
la liberté, et à rechercher laborieusement
la vérité. L'avenir dira s'il l'a trouvée.
Dans tous les cas, félicitons-le de ne
s'être point dit avec l'*Ecclésiaste* « que
la science est la pire occupation que Dieu
ait donnée aux hommes. »

Paris. — Imp. de Dubuisson et C⁹, r. Coq-Héron, 5.

225

Original en couleur.

NF Z 43-120-B

www.ingramcontent.com/pod-product-compliance
Lightning Source LLC
Chambersburg PA
CBHW070939280326
41934CB00009B/1943